De la bactérie primitive à

Homo sapiens

Une histoire extraordinaire et mystérieuse

De la bactérie primitive à *Homo sapiens*

Une histoire extraordinaire et mystérieuse

Véronique DUMANOIS

© 2024 Véronique DUMANOIS

Édition : BoD – Books on Demand, info@bod.fr
Impression : BoD – Books on Demand, In de Tarpen 42, Norderstedt (Allemagne)

Impression à la demande

Illustration : Véronique DUMANOIS

ISBN : 978-2-3225-2324-5
Dépôt légal : Fevrier 2024

Préface

Ce petit recueil s'adresse à des *Homo sapiens* de tous âges, qui souhaiteraient avoir un aperçu de leur histoire évolutive depuis l'apparition de la vie sur terre il y a 3,5 milliards d'années.

Les données acquises par la communauté scientifique permettent en effet de retracer les grandes étapes de l'évolution qui depuis la cellule primitive a abouti à l'homme d'aujourd'hui.

Depuis 3,5 milliards d'année la vie s'est déployée sur terre en une multitude de ramifications engendrant une multitude d'espèces appartenant à de grandes familles (mammifères, reptiles, oiseaux, amphibiens, poissons, mollusques, insectes… mais également toutes les espèces de végétaux et de champignons).

Homo sapiens est une espèce parmi tant d'autres, qui est apparu récemment dans l'histoire de l'évolution, mais avec des caractéristiques uniques propre à cette espèce : la conscience de soi, l'envi de comprendre le sens de son existence, l'envi d'entreprendre, de créer, l'envie de comprendre le monde et d'où il vient.

Cette envie même donne un sens profond à l'histoire de l'évolution, car à part l'homme, qui s'en serait soucié, peut être trouvera t'il des réponses en cherchant dans son lointain passé ?

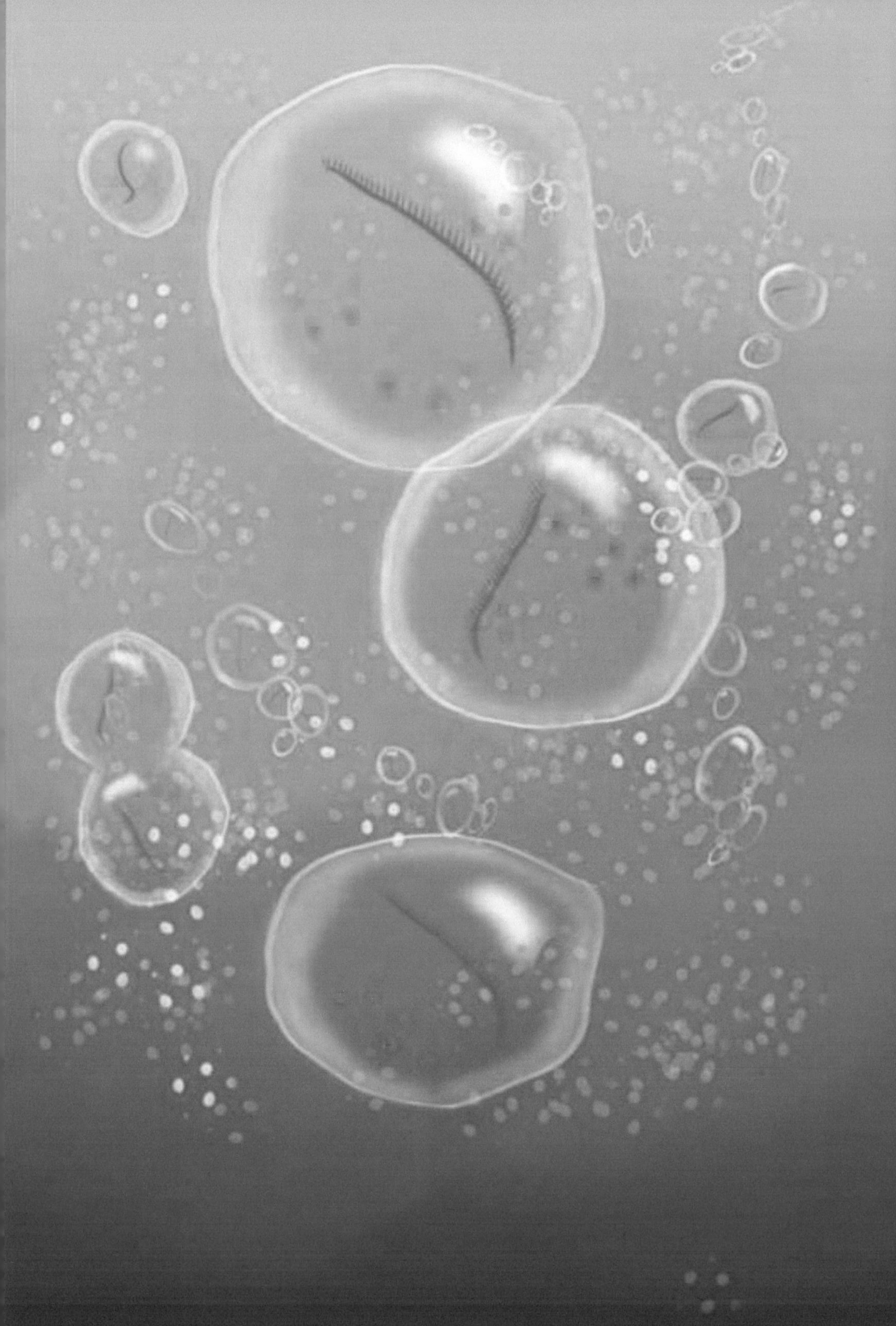

L'*origine* de la *vie* sur Terre est un grand mystère. Ce qui est sur, c'est que l'apparition de la vie est intimement liée à la présence de l'eau sur notre planète terre, dans l'immensité des océans.

Et la vie ne serait apparue qu'une seule fois sur terre !

Les plus anciens micro-organismes fossiles observés dateraient d'au moins 3,5 milliards d'années !

Avec ces premiers organismes, déjà d'une grande complexité, le principal est là ; des molécules capables de se dupliquer et de produire les protéines enzymatiques nécessaires à la multiplication des premiers êtres vivants, les **bactéries.** La multiplication de ces organismes se fait par mitose (ou scissiparité), c'est-à-dire que la bactérie va se diviser en deux pour donner naissance à deux bactéries identiques.

L'ancêtre de toutes les espèces animales et végétales et donc des humains provient d'une de ces bactéries, appelée **LUCA** par les scientifiques.

Ces bactéries sont constituées d'un « compartiment » ou cellule, composée d'une membrane semi étanche permettant les échanges avec l'environnement. Ces organismes ont continué à évoluer mais sont restés des bactéries dans leur grande majorité. Ils occupent aujourd'hui tous les milieux terrestres et aquatiques !

Ce sont des êtres composés d'une seule cellule, avec un brin unique de matériel génétique (ADN ou ARN). On les appelle des **procaryotes**.

LUCA partage avec toutes les espèces animales et végétales un même matériel génétique (ADN ou ARN). Ce matériel génétique va s'exprimer en une multitude de possibilités à l'origine de l'explosion de la biodiversité sur notre planète.

LUCA : Last Universal Common Ancestor pour dernier ancêtre commun universel

Il y a 2 milliards d'années, certains descendants de LUCA se sont transformés en **eucaryotes**. Pour arriver à cette étape, il aura fallu que des bactéries préparent le terrain ! En changeant leur métabolisme et en utilisant l'énergie du soleil pour leur fonctionnement interne, elles vont produire l'oxygène nécessaire à la respiration des animaux. On les appelle des **cyanobactéries**. Il aura fallu des millions d'années pour atteindre les 20% d'oxygène que compose notre atmosphère aujourd'hui !

Les cellules eucaryotes ont besoin en effet d'oxygène pour assurer leur fonctionnement. L'oxygène permet la respiration qui est la source d'énergie de la cellule. C'est le rôle de petits organites, les mitochondries, qui sont présents dans le cytoplasme de la cellule.

Une particularité de ces cellules eucaryotes est la présence d'un noyau dans leur cellule où est stocké le matériel génétique. Ce matériel génétique (ou ADN) n'est plus constitué d'un seul brin comme dans les bactéries mais de plusieurs paires de brins formant ce qu'on appelle les chromosomes.

Et chose remarquable, ces organismes ne vont plus se multiplier par mitose mais par **méiose**, le fondement même de la reproduction sexuée. On parle de phase diploïde et de phase haploïde.

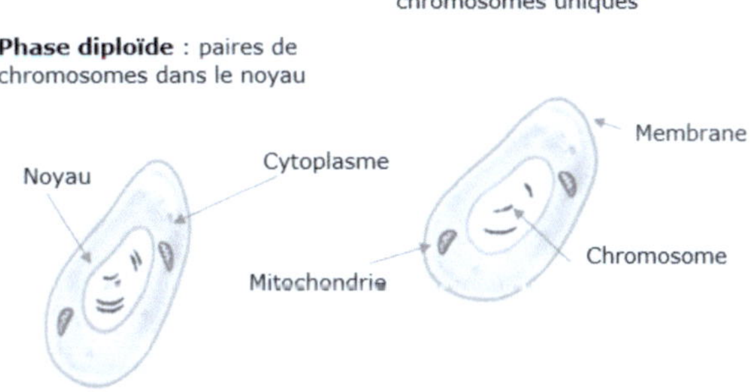

Toutes les cellules de notre corps sont des cellules eucaryotes et notre lointain ancêtre était l'une d'elle.

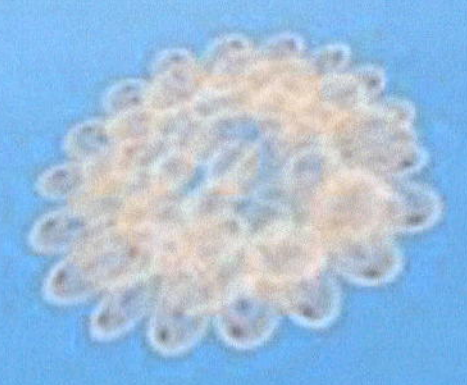
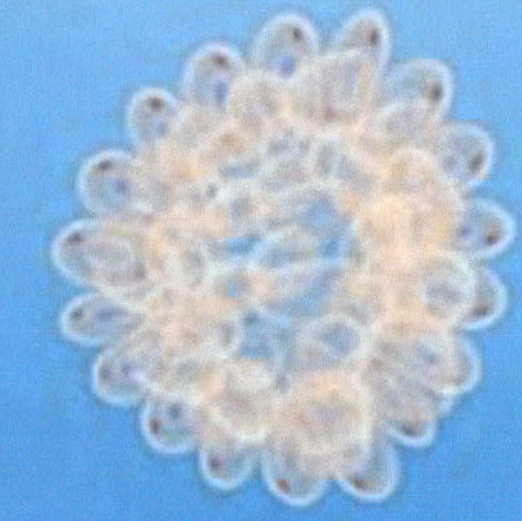

Maintenant que la méiose est acquise, les cellules eucaryotes vont pouvoir s'accoler et donner les premiers organismes multicellulaires.

En effet, grâce à la méiose, quelques cellules seulement des organismes multicellulaires vont passer à la phase haploïde, se détacher de l'organisme et se combiner à une cellule haploïde d'un autre individu afin de reconstituer à partir de la fusion de ces deux cellules en une cellule « œuf » un nouvel organisme pluricellulaire diploïde. C'est la reproduction sexuée.

Avant d'être un organisme multicellulaire, nous avons tous été une seule cellule eucaryote à l'origine de notre développement dans le ventre de notre mère ! Comme un clin d'œil à notre lointain passé.

La reproduction sexuée est une façon de brasser le matériel génétique et de transmettre au nouvel individu sa propre « carte d'identité ». Et élément primordial, ces cellules en constantes activités vont être confrontées à des mutations régulières de leur matériel génétique (ADN). Dans certains cas les mutations transmises aux descendants vont provoquer un changement plus adapté à leur environnement pour se nourrir, se déplacer, se défendre, se reproduire... C'est le fondement de l'évolution, la sélection naturelle prônée par Charles DARWIN !

En contrepartie, tous les organismes pluricellulaires diploïdes sont voués à la mort. C'est inscrit dans leur patrimoine génétique. Il n'y a jamais eu sur terre d'organismes pluricellulaires éternels !

L'ensemble des animaux dont les humains sont des **métazoaires** c'est-à-dire qu'à l'inverse des protozoaires, ils sont constitués de plusieurs cellules. Ils sont issus d'un seul assemblage multicellulaire ancestral qui s'est formé dans les océans.

Cet assemblage multicellulaire va connaître à nouveau une évolution majeure : la différenciation cellulaire avec l'apparition de tissus différents au sein de « l'animal », comme l'apparition des cellules nerveuses, de la peau ou des muscles, puis des organes comme le cœur, les poumons, les reins, et des systèmes comme la circulation sanguine, la respiration, la reproduction…

Pourtant, chaque cellule de l'organisme pluricellulaire possède le même matériel génétique depuis « l'œuf » qui l'a constitué au départ de son développement. La différentiation cellulaire se manifeste par l'expression de quelques gènes spécifiques dans chacune des cellules, la plupart des autres gènes étants « muets ».

Le premier animal apparu sur Terre il y a près de 900 millions d'années serait une sorte de **cténophore**, un prédateur "cousin" des méduses. Une équipe de chercheurs autrichiens et californiens a étudié les chromosomes de cet invertébré (animal mou) pour affirmer qu'il a très vraisemblablement été le premier des animaux. Il est constitué d'une grande bouche, capable d'avaler les imprudents qui s'aventurent près de lui grâce au fonctionnement de premiers muscles.

C'est durant l'Ediacarien, une période qui s'étale entre il y a 635 et 541 millions d'années, que les premiers animaux **bilatériens** sont apparus. Le développement de la symétrie bilatérale différencie l'avant de l'arrière, un côté droit en miroir avec un côté gauche, une face postérieure et une ventrale et constitue une étape fondamentale dans l'évolution. Aujourd'hui, la plupart des animaux connus dont les humains sont dotés de ce plan d'organisation.

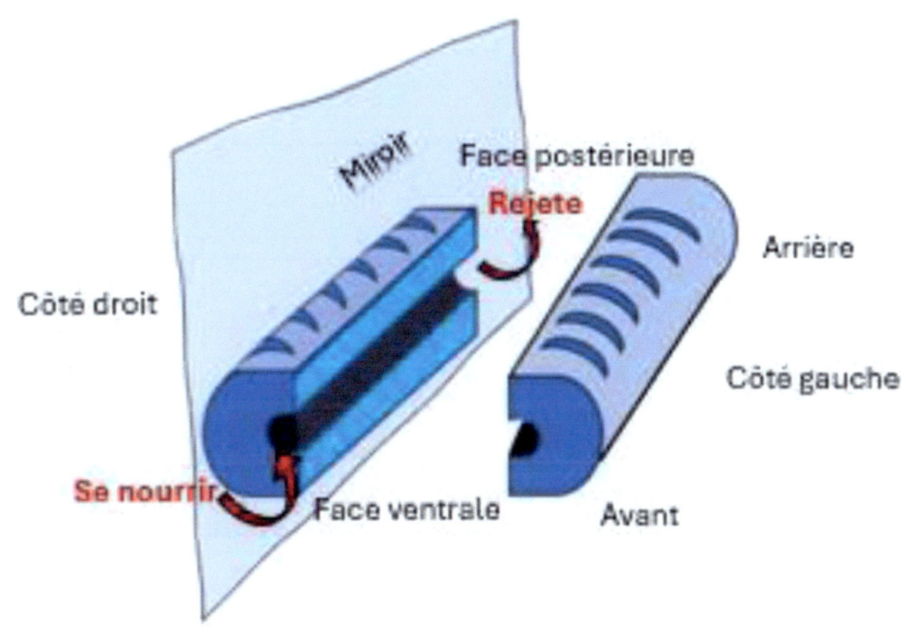

Le premier animal bilatérien serait une sorte de ver. Il n'a laissé que des traces de son passage au fond de l'océan.

Parmi les descendants de ces animaux primitifs certains sont restés mous, et d'autres vont développer une « chorde ». Les premiers « chordés » sont apparus dans les lagons voilà près de 500 millions d'années. Le système nerveux, en forme de tube, est situé au-dessus du tube digestif. Une lamelle cartilagineuse va soutenir et protéger le tube nerveux et deviendra la colonne vertébrale des **vertébrés**. Tous les vertébrés dont les humains descendent de ces premiers « chordés ».

Metaspriggina walcotti est un des poissons les plus primitifs connus qui évoluait au Cambrien. Il a la taille d'un pouce humain.

Le corps de l'animal, de la forme d'un cône, est soutenu par une structure cartilagineuse spécifique de l'embranchement des chordés. Sa tête aplatie est surmontée de deux grands yeux qui lui permettaient ainsi de distinguer rapidement tout ce qui advenait au-dessus de lui. Cette caractéristique anatomique suggère que le poisson vivait principalement dans les profondeurs.

Ce poisson primitif présentait sept paires d'arcs, disposées de chaque côté de la cavité à l'arrière de la bouche. Ces arcs branchiaux assuraient les échanges respiratoires. La première de ces paires légèrement plus épaisse que les autres serait un signe d'une première étape de transformation qui, au fil de l'évolution, a conduit à l'apparition de la mâchoire et de certains petits os de l'oreille chez les mammifères.

En attendant, le poisson dépourvu de cet attribut se nourrissait certainement en filtrant l'eau et en absorbant les éléments nutritifs disposés sur les fonds marins.

Il y a quelque 440 millions d'années, les poissons à mâchoire et à corps flanqué de nageoires sont apparus au cours d'une explosion de la biodiversité des vertébrés mais toujours dans les océans.

L'acquisition de la nage a permis notamment aux poissons de rechercher plus loin et de façon plus efficace leur nourriture. L'acquisition de la mâchoire a permis également de mieux se nourrir.

À l'origine, les premiers **tétrapodes**, c'est-à-dire avec 4 « pattes » comme les humains, apparus il y a près de 400 millions d'années, étaient uniquement aquatiques, c'est-à-dire qu'ils vivaient dans l'eau. Ces pattes proviennent de la transformation des nageoires mais ne donnaient pas d'avantages évolutifs aux poissons car peu adaptées à la nage, comme si l'évolution s'était préparée en amont à la sortie des eaux !

Ichthyostega devait être, il y a 365 millions d'années, l'un des premiers tétrapodes à pouvoir se traîner sur le sol, hors de l'eau.

A cette époque, la terre était déjà recouverte de nombreux végétaux, comme les mousses, les champignons, les lichens, de nombreux insectes et arthropodes évoluaient également.

Cela a certainement contribué à la sortie des eaux des premiers tétrapodes qui ont pu ainsi chercher d'autres nourritures sur la terre ! Il leur aura fallu également développer une respiration pulmonaire à l'inverse des poissons qui utilisent des branchies pour respirer sous l'eau.

Les premiers vertébrés à se déplacer réellement hors de l'eau sont les **reptiles**. Ils ont colonisé l'ensemble des continents.

Ces premiers reptiles subissaient la **métamorphose** comme chez les Amphibiens (grenouilles, crapauds). Ils étaient donc encore très dépendants du milieu aquatique. Pour leur reproduction, ils vont pondre leurs œufs dans l'eau et les stades précoces du développement se font dans l'eau comme les têtards pour les grenouilles.

Il y a 310 millions d'années, les reptiles ont complétement abandonné le milieu aquatique. Ils vont pondre leurs œufs sur la terre ferme : c'est une innovation majeure, l'embryon va se développer dans le liquide amniotique entouré d'une coquille protectrice rigide.

Ils ont acquis la respiration pulmonaire perfectionnée (comme chez les humains) qui va de pair avec l'existence d'une peau protégée d'une couche cornée écailleuse (la peau a perdu sa fonction respiratoire si essentielle chez les Amphibiens).

Leurs mâchoires possèdent des dents qui ont toutes la même forme. On parle de denture isomorphe.

Certains reptiles vont évoluer en développant des caractères de **mammifère**. Les dents vont se différencier en incisives, canines, prémolaires et molaires, chacune ayant une fonction bien précise.

Les 4 membres locomoteurs vont se placer sous le corps, et non plus sur les côtés comme les tortues, les lézards ou les crocodiles. Ils possèdent des poils ce qui laisse penser que la régulation de leur température interne est acquise.

Les ancêtres reptiliens des mammifères sont les **thérapsides**, qui vivaient entre 270 à 252 millions d'années. Un de leurs sous-groupes, les **cynodontes**, va donner naissance aux mammifères.

Il y a 225 millions d'années, les mammifères issus des cynodontes étaient de petites tailles et ressemblaient à des gros rats aux canines pointues et se nourrissaient probablement d'insectes.

Ils vivaient la nuit pour se protéger des prédateurs et notamment des dinosaures, descendants de certains reptiles et qui avaient envahi toute la terre !

Ces mammifères deviennent pour la plupart **placentaires.** Cela veut dire que le développement de l'embryon se fait dans le ventre de l'animal, dans une poche appelé **placenta.**

Les petits deviennent dépendants de leurs parents, notamment pour se nourrir avec l'allaitement.

Il y a 65 millions d'années une énorme météorite s'écrasa sur la terre et provoqua l'extinction des dinosaures (sauf les ancêtres des oiseaux).

La disparition des dinosaures permit aux mammifères d'évoluer vers de nombreuses lignées de formes et tailles très différentes, aussi bien terrestres, aériennes (les chauves-souris) que maritimes (les baleines, les dauphins…).

C'est ainsi qu'au sein de la grande famille des mammifères, certains ont évolué pour devenir des **primates**.

Les primates ont les yeux en façade, ce qui leur permet d'avoir la perception de la profondeur, leur tronc est à la verticale quand ils se tiennent assis. Les primates sont les seuls mammifères dont un doigt, le pouce, est opposable aux autres, formant ainsi une main, capable d'attraper des objets, ou de s'accrocher aux branches : en effet, un grand nombre de primates vivent dans les arbres. Et surtout ils disposent d'un grand cerveau.

L'ancêtre de tous les **primates** a été baptisé *Archicebus achilles.* Il aurait vécu il y a 55 millions d'années en chine. Il était très très petit, quelques centimètres seulement !

Au fil de l'évolution, une branche des primates a abouti d'un côté aux **tarsiers** actuels, des petits singes nocturnes et arboricoles aux grands yeux exorbités. Une autre branche a donné naissance aux **anthropoïdes** (grands singes sans queue), un vaste groupe qui inclut notamment les chimpanzés, les gorilles, les orang-outans et les humains !

Le dernier ancêtre commun entre ces grands singes et l'homme d'aujourd'hui aurait vécu il y a 7 millions d'années, il va donnait naissance aux premiers **hominidés**.

Les hominidés ont une locomotion partiellement ou totalement bipède, c'est-à-dire qu'ils se déplacent avec leurs deux pieds. Ils présentent de fortes aptitudes à la vie en groupe et à l'apprentissage, tel que l'homme d'aujourd'hui.

Ramidus, hominidé découvert en Éthiopie, serait le plus vieil **australopithèque** connu, avec 4,4 millions d'années.

Les australopithèques sont plus petits que les humains, ils mesurent entre 1,3 et 1,5 mètre. La capacité crânienne est petite avec 450 cm3 en moyenne, soit celle du chimpanzé actuel. Ils ont de longs bras ce qui laisse supposer qu'ils devaient passer beaucoup de temps dans les arbres, accrochés aux branches.

Ils vivaient en Afrique, dans des environnements variés, de la forêt humide à la savane, se nourrissant de graminées comme le blé, de plantes grasses, d'insectes ou d'autres petits animaux.

Les australopithèques étaient très variés, au moins une douzaine d'espèces différentes dont l'une d'elle, probablement parmi les formes dites « graciles », a évolué vers le genre **Homo** à partir d'il y a 2,8 millions d'années.

Homo habilis est l'une de ces lignées qui a vécu il y a 2 millions d'années. Il était totalement bipède et pouvait se déplacer sur de longues distances. Sa stature était encore petite, avec une masse corporelle proche de 32 kg (poids d'un enfant humain de 10 ans). Son crâne est plus arrondi et son cerveau sensiblement plus volumineux que celui des australopithèques.

Il ne semble pas avoir acquis le langage, ce qui ne l'empêchait pas de communiquer pour transmettre son savoir !

Homo habilis produisait des outils par percussion directe.

Il s'adapta à des environnements variés et changeants. Son alimentation était **omnivore**, c'est-à-dire qu'il mangeait déjà de tout comme nous (ou presque !).

Cette espèce est la première du genre (*Homo*) ayant peuplé la quasi-totalité de la Terre.

Homo erectus ferait partie d'une lignée descendante *d'Homo habilis* (ou peut être cousin) et ces deux espèces auraient cohabité pendant une longue période.

Homo heidelbergensis serait un descendant d'*Homo erectus*. Il s'est largement répandu en Afrique et en Eurasie occidentale il y a 700 000 ans. *Homo heidelbergensis* serait l'ancêtre des **Néandertaliens** européens et des ***Homo sapiens,*** c'est-à-dire nous !

Un crâne très bien conservé a été identifié comme *Homo heidelbergensis* en Ethiopie à Bodo. Sa capacité crânienne est de 1250 cm3 (celle d'*Homo sapiens* est de 1500 cm3). Il est daté de 600 000 ans. A ses côtés, plusieurs outils ont été trouvés ainsi que des ossements d'animaux portant les traces de découpes, probablement pour en extraire la moelle.

Les plus anciens ossements d'*Homo sapiens* connus aujourd'hui datent d'il y a 300 000 ans. Ils ont été découverts en Afrique.

Selon une étude récente de chercheurs australiens, tous les humains vivant aujourd'hui proviendrait d'un groupe d'*Homo sapiens* qui a vécu il y a 200.000 ans au nord du Botswana en Afrique, dans ce qui est aujourd'hui le désert de sel de Makgadikgadi.

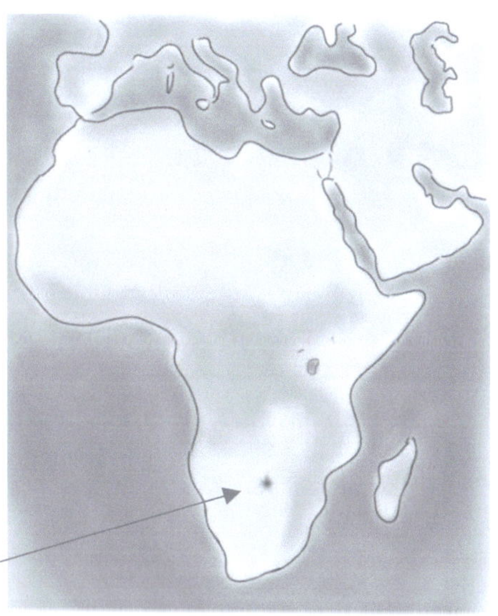

Il s'est ensuite répandu dans le monde entier pour atteindre 7 milliards d'habitants aujourd'hui !

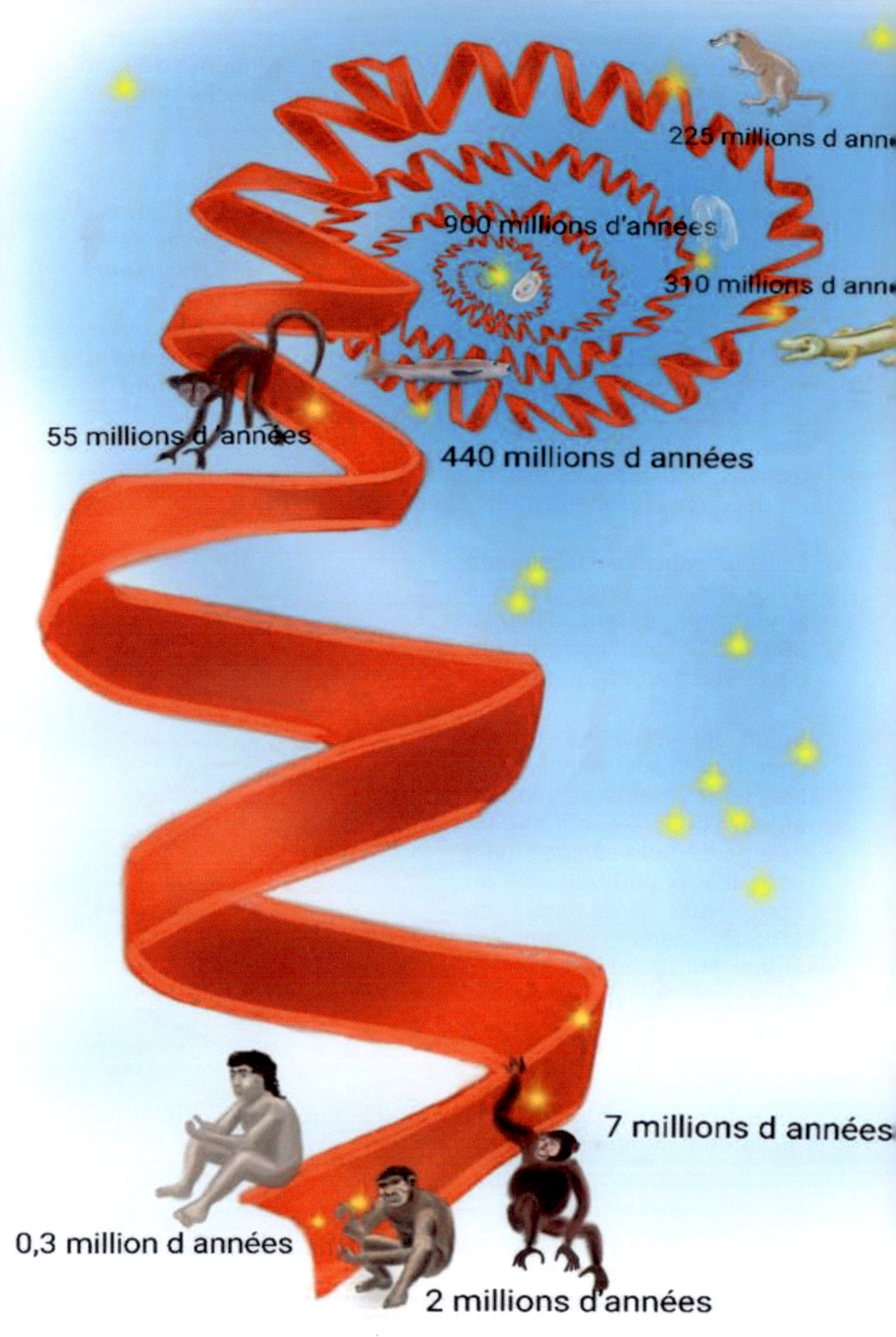

225 millions d années
900 millions d'années
310 millions d années
55 millions d années
440 millions d années
7 millions d années
0,3 million d années
2 millions d années

Depuis que les hominidés existent il y a 7 millions d'années, *Homo sapiens* reste la seule espèce d'hominidés sur terre, toutes les autres espèces se sont éteintes, jusqu'aux Néandertaliens il y a 28 000 ans.

C'est un grand mystère, comme l'origine de la vie il y a 3,7 milliards d'années. Le ruban de l'évolution s'est déroulé à travers le temps jusqu'à nous, de la bactérie primitive jusqu'à *l'Homo sapiens*, seule espèce sur terre à avoir conscience même de ces mystères !

Le ruban de l'évolution va continuer de se dérouler avec le temps, mais personne ne sait quels chemins vont être empruntés ni avec quels résultats !

Ce qui est sur, c'est que *Homo sapiens* a profondément modifié les écosystèmes de notre belle planète et pas forcément dans le bon sens. Ces modifications auront forcément des impacts sur l'évolution des espèces dans les temps à venir, nouvelle extinction massive ? Nouvelles espèces ? Evolution *d'Homo sapiens* en un être suprême ?

Homo sapiens a en tout cas une grande responsabilité dans la préservation de toutes les espèces de notre belle planète, car si *homo sapiens* devait amener à leurs destructions et la sienne par conséquence, quel non-sens et quel gâchis ! Tout ce travail évolutif depuis 3,5 milliards d'années serait réduit à néant !

C'est une grande responsabilité et un grand défi qui nous attend.

Sources :

La fabuleuse histoire de la Vie, Juan Luis Arsuaga,

Ed Alisio Sciences, 2021.

https://www.universalis.fr

https://www.sciencesavenir.fr

https://www.hominides.com

https://www.pourlascience.fr